AF242388

AUX ÉLECTEURS.

A qui s'adresse cette brochure ?

Elle s'adresse aux travailleurs de toutes les classes qui désirent gagner en paix le pain quotidien de leur famille ;

Aux agriculteurs, qui voient s'avilir de plus en plus le prix de la terre et s'augmenter les impôts ;

Aux ouvriers, qui sont tour à tour victimes de réductions de salaires ou de chômage, qui s'aperçoivent qu'il est de plus en plus difficile de vivre ;

Aux commerçants, qui ont grand'peine à joindre les deux bouts et souffrent naturellement de la gêne qui étreint les consommateurs ;

Aux industriels, également menacés dans leurs intérêts ;

Aux propriétaires et aux rentiers, dont l'avoir est compromis par le désordre social et la banqueroute possible ;

Elle s'adresse enfin à tous les électeurs, à tous ceux qui aiment la France, aux républicains honnêtes qui ne repoussent pas la discussion de parti-pris.

* *

Chacun s'aperçoit qu'un malaise général plane sur notre pays, chacun en souffre, mais bien peu ont le courage d'en rechercher les causes. Il faut, pour cela, fouiller dans les gros volumes des budgets qui sont loin d'être établis avec toute la clarté désirable. On ne veut pas croire que la gestion des affaires publiques influe sur le bien-être de chacun, on entend parler de millions et de milliards dépensés à tort sans comprendre que chacun de nous a contribué pour sa part à former cette somme, sans réfléchir que c'est nous qui payons tout ce qui se dépense.

C'est donc de **notre argent** qu'il s'agit, et nul ne devrait être indifférent à cette question. Mais tel qui renverrait de sa maison un domestique négligent, lui ayant fait perdre une légère somme, ne ne dérange même pas pour aller voter contre ceux qui gaspillent nos richesses et causent à tous un préjudice bien plus important.

Nous nous proposons de montrer, sans passion et de bonne foi, ce qu'a coûté à la France le gouvernement de la République. Nous n'avancerons aucun chiffre qui ne ressorte des documents officiels, que nous n'ayions contrôlé nous-même ou emprunté à des républicains tels que MM. Léon Say, Amagat, Jules Roche, Tirard, Leroy-Beaulieu, Henri Germain, Siegfried, ou à des hommes éminents tels que MM. Cucheval-Clarigny, membre de l'Institut, et Le Trésor de la Rocque.

Après la guerre de 1870, la France se recueillit et se mit au travail. La vitalité et la richesse de de cette nation sont telles qu'en cinq ans, elle s'était relevée de ses désastres. L'Europe fut stupéfaite de cette résurrection si rapide. Toutes les ruines laissées par l'invasion étaient relevées ; l'industrie et le commerce avaient repris leur essor, et, après le paiement d'une rançon colossale, en 1876, la France se trouvait debout, avec des finances en bon état.

Le budget de 1876 se soldait par un excédent de recettes de près de cent millions.

La république avait été gouvernée jusque-là par les conservateurs.

En 1877, le pays envoie aux Chambres une majorité **républicaine : les républicains prennent le pouvoir.**

Immédiatement, la scène change. Les budgets s'accroissent de près de moitié ; les déficits succèdent aux excédents ; le désordre remplace l'économie. Adieu la bonne administration. Voici le gaspillage !

En 1876, le budget, c'est-à-dire la somme dépensée annuellement par l'Etat, était de :

2,682,000,000 de francs.

(Deux milliards six cent quatre-vingt-deux millions).

Savez-vous quel est le chiffre de nos dépenses, aujourd'hui ?

Il est de :

3,566,000,000 de francs. (1)

(Trois milliards cinq cent soixante-six millions).

Jusqu'en 1876, les budgets étaient en excédent, c'est-à-dire que les recettes étaient plus élevées que les dépenses. Dès que les républicains sont arrivés au pouvoir, on a dépensé plus qu'on a reçu. Combien ?

C'est M. Henri Germain, ancien député républicain et directeur du Crédit Lyonnais, qui va nous le dire (2).

Le déficit de 1877 a été de 127 millions.

Celui	de	1878	—	385	—
—		1879	—	384	—
—		1880	—	383	—
—		1881	—	671	—
—		1882	—	752	—
—		1883	—	750	—
—		1884	—	721	—
—		1885	—	599	—

(1) Discours de M. Amagat à la Chambre. — Séance du 31 janvier 1888.

(2) Chiffres publiés par le journal *le Temps* du 2 novembre 1886.

Complètons les chiffres de M. Henri Germain :

Le déficit de 1886 sera environ de 753 millions.
Celui de   1887   —   700   —

Et il n'y a pas à dire que ces chiffres sont fantaisistes : ils ressortent des documents publiés par le ministère des finances, et un autre républicain a pu proclamer à la Chambre, *sans être contredit*, que le déficit annuel était d'environ 600 millions.

Ainsi, non seulement les républicains ont élevé le total des budgets de 2,700 millions à 3,600 environ, mais ils ont encore, chaque année, dépensé 600 millions de plus.

Cela ne leur a pas suffi encore : ils ont été forcés d'emprunter.

En 1878, ils font à la Banque de France un emprunt de . . . .   80 millions.

La même année, ils émettent, en 3 0/0 amortissable, un emprunt de   440   —

En 1881, ils émettent, en 3 0/0 amortissable, un emprunt de . . . . .   1.000   —

En 1882, troisième emprunt, pour la consolidation de la dette flottante . . . .   1.200   —

En 1884, quatrième emprunt en 3 0/0 amortissable   350   —

En 1885, émission d'obligations trentenaires pour la liquidation des écoles et des chemins vicinaux   334   —

En 1886, nouvel emprunt, en 3 0/0 perpétuel, cette fois   900   —

La même année, on émet des obligations sexennaires, pour   466   —

En 1886 et 1887, on émet encore des obligations pour les garanties d'intérêts   167   —

En novembre 1887, nouvel emprunt de.   165   —

On arrive donc, pour les emprunts non dissimulés, à un total de . . . . .   5.102 millions,

PLUS DE CINQ MILLIARDS empruntés en dix ans.

Ce qui revient à dire que les dix dernières années de la République nous ont coûté aussi cher que l'invasion prussienne.

Ce n'est pas tout.

A ce chiffre de . . . . 5.102 millions il faut ajouter :

Avances de la Compagnie algérienne.	10 —
Emprunts au Crédit Foncier	120 —
Avances des compagnies de chemins de fer, espèces et travaux.	750 —
Avances des villes, chambres de commerce, ports et canaux	60 —
Total.	6.042 millions.

PLUS DE SIX MILLIARDS !

Mais les républicains ont-ils fini d'emprunter ? S'arrêtera-t-on dans cette vertigineuse course aux dépenses ?

Non. L'ère des emprunts n'est pas fermée, parce que, non contents de gaspiller les finances du présent, les républicains ont engagé et compromis celles de l'avenir.

Le ministère de l'instruction publique et la commission du budget ont prévu, pour la construction des écoles, une nouvelle dépense de . . . 618 millions.

Le troisième réseau des chemins de fer exigera encore une dépense d'au moins. . . . . 2.500 —

Pour le réseau de l'Etat, il faudra encore, suivant le rapporteur de la commission du budget . . . . 300 —

Pour les dépenses restant à faire pour la navigation fluviale et maritime et pour les canaux . . . . 900 —

Les républicains auront donc à emprunter . . . . 4.318 millions.

Et si nous ajoutons à ce chiffre les sommes nécessaires pour faire face aux garanties des chemins de fer, nous arrivons au chiffre de

QUATRE MILLIARDS ET DEMI

d'emprunts futurs, inévitables !

* *

Et la dette flottante ! Voulez-vous que nous parlions de la dette flottante qui n'est pas, comme l'a cru un ministre républicain, la dette du ministère de la marine?

Nous laissons la parole à M. Siegfried, député opportuniste de la Seine-Inférieure :

« Le Trésor, vous le savez, est le caissier général de l'Etat; c'est lui qui encaisse toutes les recettes et qui paye toutes les dépenses. Quand le compte définitif d'un exercice est en déficit, le Trésor en fait l'avance; lorsqu'il présente un excédent de recettes, ce boni devrait venir en déduction des avances du Trésor. En un mot, le Trésor est le banquier de l'Etat.

« Or, quelle est la situation du Trésor?

« Voici quelle était, au 31 décembre 1887, la dette exigible à bref délai :

« Dette flottante	937 millions.
« Cautionnements.	305 —
« Obligations à court terme, émises ou à émettre fin 1887, pour garanties d'intérêts aux compagnies de chemins de fer.	167 —
« Obligations à court terme ordinaires, émises ou à émettre fin 1887 .	531 —
« Total	1.940 millions.

« Soit environ deux milliards.

« Remarquez bien, messieurs, que dans ces chiffres, je ne compte pas les caisses d'épargne, dont les dépôts sont de deux milliards et demi (1). »

---

(1) Discours de M. Siegfried à la Chambre. Séance du 28 janvier 1888.

La vérité est donc, d'après les républicains eux-mêmes, que le Trésor est sous le coup d'une dette flottante
de

PLUS DE QUATRE MILLIARDS

sur lesquels deux milliards et demi sont exigibles à
courte échéance.

Ce serait la banqueroute probable si la guerre écla-
tait !

Pour avoir laissé atteindre ce chiffre à la dette flottante,
il faut que les républicains aient perdu toute raison, il
faut qu'ils aient jeté **notre argent** par les fenêtres sans
compter, sans souci de l'avenir ni des malheurs qu'ils
préparaient à notre pays.

A aucune époque, pareil spectacle n'a été offert par
aucune nation.

Voici donc le bilan financier des dix dernières années
de la République :

Les dépenses se sont augmentées

D'UN MILLIARD

La dette publique a été augmentée

DE SIX MILLIARDS

On a engagé l'avenir pour plus

DE QUATRE MILLIARDS

La dette flottante s'élève à

QUATRE MILLIARDS

Un habitant de notre planète, qui se contente d'être
Tartare, en est quitte pour quelques sous par an. S'il
veut être Américain, c'est un louis. Pour être Russe,
Allemand ou Belge, c'est le double. Pour être Anglais,
c'est encore plus cher ; plus cher encore pour être Ita-

lien ; s'il tient absolument à être Français, cela lui coûtera *cent vingt-trois* francs par an.

En plus de notre loyer, pour avoir le droit de respirer l'air français voilà ce que paye chacun de nous, homme, femme ou enfant.

Il est vrai qu'il fut un moment où, avec une soulte de soixante mille francs, on pouvait, à la boutique installée à l'Elysée par le gendre de M. Grévy, se payer la croix de la Légion-d'Honneur.

.·.

Comment veut-on, pour parler sérieusement, que nos ouvriers, que nos agriculteurs puissent soutenir la concurrence étrangère ? Comment ne comprend-on pas que c'est là qu'est la cause du malaise général ?

.·.

Mais une question se pose. Comment les républicains ont-ils pu dépenser des sommes aussi considérables ?

C'est ce que nous allons rechercher :

LES ÉCOLES.

En 1875, le budget de l'instruction publique s'élevait à 50 millions.

En 1887 il s'élève à 170 millions.

Voilà une différence colossale. Quels ont été les résultats de ces dépenses ? Combien d'élèves y a-t-il aujourd'hui de plus qu'en 1874 ? Six cent mille. En 1874, il y avait 4 millions d'élèves ; il y en a, en 1887, 4 millions 600 mille. Cette augmentation, très-faible, en somme, nous coûte cent vingt millions de francs. Le nombre des élèves a augmenté d'**un septième** et la dépense a plus que **triplé !**

Mais, en prenant les chiffres du budget, nous sommes loin d'avoir la dépense réelle que la République a effectuée. Il y a eu la fameuse Caisse des Ecoles, ouverte en 1878, liquidée en 1885.

L'exécution du programme scolaire a coûté **689 millions 496,000 fr.**, prélevés sur cette caisse, qu'alimentait la dette flottante.

On a été forcé d'enrayer. On a alors imaginé de ne plus donner des *capitaux*, mais d'allouer aux communes des annuités représentant l'*intérêt* de la somme à dépenser, y compris l'amortissement en quarante ans.

Or, il reste à exécuter 595 millions de travaux, qui représentent (à 5,6 0/0) quarante annuités de 33 millions 498,500 fr.

Soit donc une somme de. . . . . . 1.339.940.000 par laquelle se chiffrera, en fin de compte, les sacrifices imposés aux contribuables par la loi du 20 juin 1885.

Si nous y ajoutons les. . . . . 689.496.000 prélevés par la Caisse des Ecoles, et et dont nous avons parlé tout à l'heure,

on arrive à un total de. 2.029.436.000

plus de DEUX MILLIARDS !

pour la réalisation du programme scolaire de la République, et rien que pour l'organisation matérielle des établissements scolaires (locaux, matériel, outillage, écoles de hameaux, écoles normales). Les frais de la gratuité, des traitements d'instituteurs, etc., n'entrent en effet pour rien dans le chiffre formidable que nous venons d'enregistrer.

Pourquoi a-t-on dépensé tant d'argent?

Simplement pour en arriver à ce que les enfants n'entendent plus parler de Dieu! pour empêcher les frères et les sœurs d'instruire les enfants du peuple!

Qu'est-il arrivé?

Même dans les villes les plus républicaines, comme Paris et Marseille, les écoles du gouvernement ont perdu des élèves.

Et pourtant à Paris, l'instruction primaire coûte aujourd'hui 24 millions au lieu de dix qu'elle coûtait en 1870.

A Marseille, de 1880 à 1887, la population a **aug-**

menté de 57,975 habitants, et le nombre des élèves des écoles laïques a **diminué**, pendant la même époque, de 7,286.

Est-ce nous qui disons cela? Non pas. C'est un conseiller municipal, M. Barbaroux, qui s'est exprimé ainsi en séance publique :

« *Où vont donc* tous ces enfants qui désertent nos écoles? Dans les *écoles privées*. Pendant la courte période de 1885 à 1887, il s'est créé, en effet, 15 *écoles de garçons* et 18 *de filles*.

« Les causes de cette situation sont *multiples et connues* », continue M. Barbaroux; et cependant il ajoute : « Nous laissons aux instituteurs et aux institutrices le soin de *les rechercher* et *d'apporter à ce mal aigu* les remèdes nécessaires : *ils les trouveront facilement (?)*. »

Voulez-vous une autre opinion dont aucun républicain ne contestera l'autorité?

Ecoutez ce témoignage reproduit par M. d'Aillières à la tribune; il émane d'une personne autorisée :

« On nous demandait aussi chez moi, à Montbéliard,
« d'activer la laïcisation des écoles communales. Eh
« bien! nous avons créé à grands frais des écoles laï-
« ques. A côté, se sont établies des écoles congréga-
« nistes libres. Au bout d'un an, notre école laïque
« comptait *onze* élèves et l'école congréganiste **six**
« **cents** ?

« Ceux qui nous avaient le plus harcelés pour obtenir
« cette mesure envoyaient leurs enfants chez les congré-
« ganistes, où il fallait payer, tandis que nos écoles
« étaient gratuites »

Et qui a prononcé ces paroles? Est-ce M. d'Aillières? Du tout. M. Hervé? Pas davantage. M. de Cassagnac? Un conservateur? Non pas :

C'est M. Viette, ministre de l'agriculture !

Ainsi, de l'aveu des républicains eux-mêmes, la laïcisation qu'ils ont faite était contraire au vœu des populations.

Si l'on réfléchit qu'elle nous coûte deux milliards, on conviendra que c'est cher.

LES TRAVAUX PUBLICS.

Un soir de septembre 1878, Gambetta réunit chez lui M. de Freycinet et M. Léon Say : il les garda presque jusqu'au lever du jour, leur exposant sa pensée avec la chaleur, l'abondance et la faconde qui lui étaient habituelles.

M. de Freycinet, qui fut toujours un rêveur, se laissa facilement convaincre que ce serait faire une grande chose, profitable au pays — et surtout aux républicains — que de commencer immédiatement l'exécution d'un gigantesque projet de travaux publics.

Le véritable but que poursuivait Gambetta, c'était la consolidation de la République. Il s'agissait de trouver du travail aux ouvriers, de satisfaire bien des besoins d'amis politiques. La résolution de dépenser plus de cinq milliards fut prise en quelques jours.

On peut croire que M. de Freycinet aurait hésité plus longtemps s'il s'était agi de dépenser mille francs de sa bourse.

Mais on n'avait pas d'argent ?

Qu'importe ?

Les contribuables ne sont-ils pas là ?

Et alors commença dans toute la France le gaspillage le plus effréné. Toutes les usines, les fabriques dont les directeurs étaient des amis du gouvernement furent dotées — celle-ci d'un chemin de fer, celle-là d'un canal ; cette autre des deux à la fois. Les habitants de Trifouilly-les-Oies, qui sont deux cents, apprirent avec stupéfaction que leur chemin de fer — le chemin de fer dont les fortes têtes de l'endroit demandaient platoniquement la construction, dans le seul but d'avoir une gare, *à l'instar de Paris* — serait véritablement construit.

Il n'avait d'autre raison d'être que de réunir Trifouilly-les-Oies à Castelbouillac qui compte vingt feux, au moins, et surtout d'amener à des sentiments plus avancés les habitants de ces localités.

Depuis, les députés n'ont jamais traversé la région

sans parler hautement des bienfaits de la République, de la locomotive, « cet avant-coureur de la civilisation et du progrès », etc.

Mais les habitants de Castelbouillac et de Trifouilly sont devenus moins jobards. La ligne, une fois terminée et inaugurée avec grand concours d'orphéons et de drapeaux, n'a jamais servi à rien.

L'herbe pousse haute et drue entre les rails, perçant le *ballast* ; et la locomotive reste sous un hangar comme un grand animal empaillé.

Il n'en est pas toujours de même, nous devons l'avouer. Souvent, il voyage des trains sur les lignes analogues, mais les wagons sont vides la plupart du temps, et l'on a la preuve que ce chemin de fer était inutile, puisqu'il ne fait pas même la dixième partie de ses frais.

Certain canal de l'Est a été entrepris pour amener de la houille à une localité industrielle déjà desservie par le chemin de fer, et le canal a coûté et coûte si cher que l'Etat aurait eu avantage, au lieu de le creuser, à fournir gratis de la houille à cette localité... par le chemin de fer.

On ne s'est pas contenté de faire des chemins de fer inutiles en France, on en a fait en Cochinchine, et M. de Lanessan, député républicain, parlait l'autre jour, à la Chambre, d'une ligne de Saïgon à Mytho, dont la garantie d'intérêt est de 600,000 fr. sur laquelle passent quelques voyageurs, mais qui n'a jamais transporté un wagon de marchandises.

C'est ainsi qu'on a préparé les élections de 1881. Quelque temps avant la période électorale, on a entamé *en même temps* la construction de 114 lignes de chemins de fer d'une longueur de 5,504 kilomètres.

On payait les voix des électeurs, seulement on oubliait de leur dire qu'on les payait avec de l'argent qu'on prenait dans leurs propres poches.

Le plan de MM. de Freycinet et Léon Say, s'augmentant peu à peu, arriva à nécessiter une dépense de **neuf milliards.**

Il a fallu l'abandonner, en confiant en partie son exécution aux grandes Compagnies de chemins de fer, qui ne donnent rien pour rien, et ont exigé, en retour, le droit d'émettre des obligations que l'Etat garantit.

Il en résulte, pour notre malheureux pays, une dépense de 200 à 250 millions par an pendant **soixante-quinze années.**

Mais avant d'emprunter ainsi aux Compagnies de chemins de fer, les républicains avaient dépensé déjà des sommes considérables :

En 1879,	285 millions	(budget extraordinaire).
1880,	606 —	—
1881,	972 —	—
1882,	681 —	—
1883,	620 —	—
1884,	670 —	—
1885,	519 —	—
	4,353 millions.	

soit plus de **quatre milliards** qu'ils ont pris sur la dette flottante, sur l'argent qui leur était confié, dans les caisses d'épargne.

Un journal républicain, le *Siècle*, a pu écrire :

« Le grand scandale industriel et financier de notre temps a été la création du réseau des chemins de fer de l'Etat. »

Ce réseau a coûté un milliard : il rapporte cinq millions, tout au plus.

Sur certains points : entre Paris et Bordeaux, par exemple, on a établi une ligne qui fait concurrence à celle de la Compagnie d'Orléans. Comme l'Etat garantit les dividendes aux obligataires de cette Compagnie, il s'ensuit, fait remarquer M. Leroy-Beaulieu, « que l'on se fait concurrence à soi-même ».

Ainsi, les travaux publics qui nous coûtent si cher, sont inutiles souvent, nuisibles parfois, exagérés toujours.

LES FONCTIONNAIRES.

Depuis dix ans, il n'y a pas que la croix de la Légion-d'Honneur qui ait été vendue. Les sinécures ont été distribuées aux frères et amis. Les ministres achetaient les voix des députés en mettant des emplois à leur disposition. A leur tour, les députés achetaient les voix de leurs électeurs en leur donnant ces places qu'ils avaient eux-mêmes payées par leurs votes.

Du haut en bas, ça été un marchandage de consciences scandaleux.

Et à chaque changement de cabinet — c'est-à-dire tous les six mois en moyenne — il arrive une douzaine de nouveaux ministres. A chacun d'eux, il faut des faveurs, des sinécures pour leurs parents et les amis des parents ; pour les amis et les parents des amis. Il n'y a pas jusqu'au cousin du concierge d'un ministre qui n'ait été gratifié d'un emploi lucratif.

Mais à force de donner des situations, on a fini par ne plus en avoir, quoiqu'on ait renvoyé les anciens et bons employés pour faire place aux nouveaux venus. Il y avait toujours des consciences à acheter, des appétits à satisfaire, mais il n'y avait plus de sinécures pour les payer.

Que fit-on ? On créa de nouveaux emplois, tout simplement. Voulez-vous un exemple ? En 1876, il y avait 133 employés au ministère de l'instruction publique. Savez-vous combien il y en a aujourd'hui ? 273. Plus du double. Aussi les dépenses du personnel ont-elles passé, pour ce seul ministère, de 484,400 fr. à 948,150 fr.

Au ministère de l'agriculture, on a créé depuis dix ans : 1 poste de sous-directeur, 3 de chefs de division, 10 de chefs de bureau, 5 de sous-chefs et 62 d'employés,

Là encore, il a fallu s'arrêter. Les bureaux devenaient trop petits pour contenir tous les fonctionnaires ! Et la foule des affamés attendait, impatiente, hurlante, et menaçant de passer à l'ennemi.

Pour les satisfaire, on prit le parti de mettre les employés âgés à la retraite avant que le moment n'en fût arrivé. C'était autant de pensions de plus à payer. Les républicains avaient résolu ce problème de payer deux fonctionnaires pour un seul emploi.

En 1876, il y avait 60,000 anciens fonctionnaires touchant des pensions civiles s'élevant ensemble à 40 millions de francs. Aujourd'hui, il y en a *quatre-vingt mille* qui touchent **58 millions.**

A l'heure qu'il est, il y a en France un million d'individus qui vivent du budget. De sorte que, sur 37 personnes, il y en a une dont le pays paye la nourriture et l'entretien.

Pour peu que cela continue, tous les Français seront fonctionnaires. On fera venir des administrés des colonies, s'il y en a.

Nous venons de montrer dans quelle effrayante progression les dépenses des fonctionnaires avaient augmenté. C'est cette multiplication des emplois qui cause une grande partie du mal. C'est parce que les employés sont trop nombreux, parce qu'on a compliqué à plaisir la machine administrative, que les dossiers traînent pendant des années dans les bureaux, que les contribuables attendent, sans pouvoir jamais obtenir le règlement de l'affaire qui les intéresse, et sont rudoyés par des employés qui sont cependant payés par eux.

Le besoin d'acheter des votes a occasionné une forte fraction des dépenses que les républicains ont faites depuis douze ans.

Cette vente des emplois publics a eu pour résultat de décourager les hommes vraiment capables, qui se sont vu préférer les nullités bruyantes de la politique. D'un autre côté, l'achat des consciences a profondément démoralisé les masses, qui attendent tout maintenant de la faveur et de la corruption, et rien du mérite.

A ces diverses explications de l'accroissement des dépenses que nous venons de citer :

Les écoles ;

Les travaux publics ;

Les fonctionnaires ;

Il faut encore ajouter :

Les gaspillages coloniaux ;

Les expéditions lointaines ;

Le désordre qui règne partout ;

La vénalité des fonctionnaires ;

Les fraudes qu'on a tolérées et même encouragées lorsqu'elles étaient commises par les partisans des hommes au pouvoir,

Et enfin, les dégrèvemens prématurés, accomplis au moment des élections pour jeter un peu de poudre aux yeux du pauvre peuple et lui faire croire à une prospérité qui n'existe pas.

C'est ainsi qu'en 1880, pour préparer les élections de l'année suivante, on a abandonné d'un seul coup une recette de 71 millions sur l'impôt sur les boissons..

Qui en a profité ?

Ce n'est pas le consommateur.

Ce sont les quatre cent mille débitants au profit desquels ce dégrèvement a été fait et qui sont, nul ne l'ignore, d'excellents agents électoraux.

Ainsi se résume la politique républicaine :

Le gaspillage de **notre argent :**

1º Pour satisfaire leurs haines contre les prêtres, les frères et les sœurs de charité ;

2º Pour favoriser les amis par les travaux publics inutiles et faire croire à une prospérité mensongère ;

3º Pour payer les votes des électeurs en leur offrant des sinécures.

Le résultat de cette politique,

C'est l'augmentation **d'un milliard** de nos dépenses annuelles ;

C'est le déficit constant, inévitable de **600 millions** par an ;

C'est un accroissement de notre dette de plus de **six milliards et demi** en dix ans ;

C'est une dette flottante de **quatre milliards ;**

C'est la banqueroute de la France rendue possible, sinon probable !

Pour en arriver là, les républicains ont usé de tous les subterfuges, de toutes les habiletés, honnêtes ou non.

Ils ont inventé le budget extraordinaire, pour lequel on prend sur les fonds des caisses d'épargne, en remplaçant l'argent par du papier. Ils font un trou pour en boucher un autre.

Ainsi qu'un dissipateur qui voit baisser son crédit et emprunte sous un autre nom que le sien, ils ont emprunté à l'aide d'intermédiaires, tels que : les compagnies de chemins de fer, les villes, les chambres de commerce, le crédit foncier, etc.

Ils ont imaginé des « caisses »... vides. M. Tirard a dit lui-même : « Il est indispensable que nous étudiions le fonctionnement de ces caisses, **dans lesquelles il n'y a jamais rien eu.** »

Ils n'ont pas hésité à jouer à la Bourse : M. Allain-Targé a employé 200 millions en reports.

Le désordre a été complet : En 1883, de sa propre autorité, le ministre des finances a emprunté 120 millions à la Banque de France, et M. Léon Say pouvait dire au Sénat, le 20 décembre 1882 : « On engage les finances de l'Etat et le ministre ne s'en doute même pas. »

Voilà comment on gère nos finances ! Voilà l'emploi qu'on fait des impôts ! Voilà à quoi servent les contributions que le malheureux ouvrier est forcé de payer.

Electeurs ! vous laisserez-vous duper plus longtemps ?

Mais, dira-t-on, les finances des départemens ont-elles été aussi mal gérées ? Les républicains ont mal agi lors-

qu'il s'agissait de la Caisse de l'Etat, c'est possible...
mais l'administration des finances départementales et
communales a été sage...

C'est une erreur, et pour le prouver nous allons donner
les chiffres des dépenses du département de la Seine-
Inférieure, de ses communes et de Rouen surtout, tout
en faisant remarquer que la sagesse des habitants de ce
département a empêché ses administrateurs de commettre
bien des gaspillages.

LE DÉPARTEMENT.

Jusqu'en 1880, le département de la Seine-Inférieure
a été représenté, au Conseil général, par une majorité
conservatrice. Le budget de 1880 était de

8,542,614 fr. 04.

Arrive une majorité républicaine : les dépenses font
un bond formidable.

Le budget de 1881 est de.	9,743,660 fr.	44
1882	8,635,369	82
1883	8,898,207	14
1884	9,213,230	38
1885	9,438,198	15
1886	8,925,818	71

La majoration des dépenses n'est-elle pas évidente ?
Le premier budget des républicains est supérieur de
douze cent mille francs à celui des conservateurs.

Et savez-vous où nous avons puisé ces chiffres ?

Dans le rapport même de M. le Préfet pour 1886 !

Le budget départemental s'alimente en grande partie
avec les 12 centimes que la loi de 1871 l'autorise à pré-
lever en plus de chaque franc payé par les contribuables.

Il y a aussi des centimes additionnels. En 1881, les
contribuables en payaient **quatre** et demi.

Aujourd'hui, ils en payent **six** plus 1151 dix-millièmes, soit une augmentation de moitié !

La majorité républicaine du Conseil général ne s'est pas contentée de grossir ainsi nos dépenses et nos impôts. Elle a augmenté la dette du département.

Savez-vous de combien ?

De *cinq millions deux cent soixante-douze mille francs* en six ans !

Et qui nous donne ce chiffre ?

Le rapport même de M. le préfet !

Ainsi :

Augmentation de dépenses ;

Nouveaux impôts ;

Nouveaux emprunts,

tel est le bilan des actes du Conseil général de la Seine-Inférieure depuis qu'il est entre les mains des républicains.

LES COMMUNES.

Les finances des communes ont-elles été mieux gérées que celles de l'Etat et du département ?

En 1878, la moyenne des centimes payés par chaque contribuable, pour le service de la commune, en plus de chaque franc de contribution, était de 48.

Elle atteint aujourd'hui 54 centimes. Si nous nous occupons spécialement du département de la Seine-Inférieure, nous trouvons **dans les documents officiels** les chiffres suivants :

En 1878 moyenne des impositions par commune. 29 c.
    1879   id.   30 c.
    1880   id.   31 c.
    1881   id.   31 c.
    1882   id.   31 c.
    1883   id.   31 c.
    1884   id.   33 c.
    1885   id.   34 c.
    1886   id.   34 c.
    1887   id.   35 c.

Soit donc en dix ans, une augmentation de six centimes, de **vingt pour cent.**

Et savez-vous combien représente un centime d'augmentation ?

Il représente :

22,944 fr. 75 à Rouen ;
2,989 fr. 39 à Dieppe ;
22,388 fr. 59 au Havre ;
494 fr. 70 à Neufchâtel ;
754 fr. 96 à Yvetot ;
4,559 fr. 83 à Elbeuf ;
610 fr. 19 à Boisguillaume ;
à Darnétal ;
1,311 fr. 69 à Sotteville-lès-Rouen ;
549 fr. 45 à Eu ;
1,409 fr. 05 à Bolbec ;
1,523 fr. 25 à Fécamp.

En 1878, il y avait dans la Seine-Inférieure **193** communes imposées de moins de 15 centimes.

Il n'y en a plus que **81** aujourd'hui.

En 1878, il n'y avait que **73** communes imposées de 51 à 100 centimes.

Aujourd'hui, il y en a **100** (1).

Nous allons terminer par l'examen détaillé de la situation financière de

ROUEN.

En 1878, le principal des contributions directes payées par les Rouennais s'élevait à . . . . . 2,321,924 fr. 67
Il est aujourd'hui de. . . . . . . , . . 2,409,315   12
En 1878, le total des centimes communaux était de. 982,179   27
Il sera, en 1888, d'environ 1,050,000   »

(1) Tous ces chiffres sont extraits de documents publiés par le ministère de l'intérieur.

En 1878, le produit de l'octroi de
Rouen était de. 3,463,336   44
Il sera, en 1888, d'environ.. 3,900,000   »

Voici, d'ailleurs, le tableau des dépenses du budget annuel de Rouen, de 1874 à 1887 :

ANNÉES	DÉPENSES ordinaires	DÉPENSES extraordinaires	DÉPENSES totales
1874 (1). . . .	2,667,918	2,237,000	4,904,918
1881.	3,314,000	2,498,490	5,812,490
1882.	3,674,717	2,698,000	6,372,717
1883.	4,023,997	2,387,000	6,410,997
1885.	4,107,071	2,315,000	6,422,071
1886.	4,139,332	2,332,710	6,472,042
1887.	4,044,267	2,403,961	6,448,228
1888.	4,122,987	2,301,780	6,424,768

De ce tableau, il ressort :

Que de 1874 à 1881, en sept ans, les dépenses annuelles sont passées de 2,667,918 fr. à 3,314,000 fr., soit une augmentation de 646,082 fr. environ ;

Que de 1881 à 1886, les dépenses de 3,314,000 fr. sont passées à 4,139,000 fr., soit une augmentation de 825,000 fr., soit, pour douze années, une augmentation, par an, de près de 1,500,000 fr., soit de 60 0/0 en douze années. La population n'ayant pas augmenté, on voit de combien les charges de chaque habitant ont dû s'élever.

Ce tableau n'a pas besoin de commentaires : il démontre à l'évidence que les dépenses municipales ont pris des proportions inquiétantes.

Quelques républicains, s'apercevant que l'on allait trop vite, ont essayé d'enrayer.

M. Lebon, maire de Rouen, disait, dans la séance du conseil municipal du 19 juin 1885 :

« **La ville a une dette écrasante** qui

____

(1) 200,000 fr. en moins pour les docks vendus.

fera supporter pendant cinquante ans une annuité de 2,160,000 fr..... »

De plus, le *Petit Rouennais* du 13 mai 1886, au sujet de l'emploi des fonds municipaux, disait :

« Décidément, les deniers public sont étrangement « employés. »

On lit encore dans le *Petit Rouennais* du 17 avril 1886, sous ce titre :

UN SCANDALEUX GASPILLAGE.

..... « Cette section (le cours de comptabilité dans « une école) coûte environ *deux mille francs par mois* « *et il n'y a pas un seul élève.* Cette situation ne peut « être ignorée de ceux qui ont le devoir de la connaître. « Alors, comment se fait-il qu'ils l'aient tolérée jusqu'à « présent et continué à la tolérer ? »

Mais on parle d'économies, et l'on prêche les dépenses.

Ainsi, pour se donner le plaisir de laïciser une seule école, l'école Saint-Paul (filles), on inscrivait au budget une nouvelle dépense de 7,093 fr. 75 c.

Et ainsi de suite.

Pour mieux nous rendre compte de l'augmentation des impôts, nous avons demandé à un commerçant de Rouen, occupant depuis vingt ans le même appartement, le même magasin, payant le même loyer, de nous donner le chiffre des contributions payées par lui depuis 1867.

En 1876, ce négociant payait 2,694 fr. 10 de contr. dir.

1877,	id.	2,698	41	—
1878,	id.	2,692	64	—
1881,	id.	2,694	88	—
1885,	id.	2,723	96	—
1886,	id.	2,747	43	—
1887,	id.	2,753	12	—
1888,	id.	2,773	44	—

On voit que la progression est constante. Et dans ces chiffres ne sont pas compris, bien entendu, les impôts payés sous forme d'octroi ou en même temps que le prix des produits.

Et l'augmentation continuera parce que ces dépenses ont été engagées avec imprévoyance; parce que l'on a compté sur des ressources qui disparaîtront prochainement, et qu'il faudra par conséquent remplacer par de nouveaux impôts.

CONCLUSION.

De tout ce que nous venons de dire, il faut conclure :

Que les finances de l'Etat ont été mal gérées depuis que les républicains sont en majorité à la Chambre;

Que les finances du département ont été mal gérées depuis que les républicains sont en majorité au Conseil général;

Que les finances des commmunes et celle de la ville de Rouen ont été mal gérées depuis que les administrations municipales sont républicaines.

Or, savez-vous depuis dix ans qui réclame des économies, qui s'élève contre le désordre financier?

C'est la droite! Ce sont les conservateurs, dont on vous a dit tant de mal parce qu'on avait peur de leur contrôle et de leurs révélations.

Eh bien! ces mêmes conservateurs s'engagent, s'ils ont la majorité aux prochaines élections, à effectuer d'importantes économies, à équilibrer réellement les budgets sans qu'aucun service soit compromis, sans qu'aucune liberté soit atteinte, sans que nul n'en souffre.

Pour qui voterez-vous ?

Pour le gaspillage, pour le désordre, pour la corruption, pour le favoritisme, pour le fanatisme anti-religieux, la suppression de la liberté de conscience, c'est-à-dire pour les républicains ?

Ou pour les conservateurs qui vous ont donné des finances prospères, régulières, loyales, honnêtes, qui sont partisans de toutes les libertés et veulent l'ordre partout, dans la rue comme dans le Gouvernement ?

D'un côté, vous avez le déficit, l'emprunt, l'impôt, la banqueroute.

De l'autre, les économies et la prospérité.

Choisissez !

Rouen. — Imp. Ch. Lapierre.